Angel

Wolfram & Hart

Le manuscrit des origines

DU MÊME AUTEUR

Stargate, Les carnets du Dr Jackson
Charmed, Le livre des mythologies
American Gods, Guide mythologique - saison une
Supernatural
Buffy
Kaamelott
Penny Dreadfull
TeenWolf
TrueBlood

Angel
Wolfram & Hart
Le manuscrit des origines

C.M. DUTKIEWICZ

ISBN 978-2-490951-06-2, 1re publication

Originaire de Normandie, C.M. est passionnée de mythologie et aime étudier son influence sur la société moderne.

Sommaire

Introduction -- 9

Mythologie égyptienne ------------------------------------ 11
Mythologie gréco-romaine ---------------------------------- 17
Mythologie hindoue ---------------------------------- 27
Mythologie judéo-chrétienne ---------------------------- 31
Principes apparaissant dans plusieurs mythologies ----------- 39
Autres mythologies ------------------------------------- 51
Géographie --- 55
Langue et écriture ------------------------------------- 59
Guide des épisodes et mythologies ---------------------- 65
Table des matières mythologique ------------------------ 75
Bibliographie et filmographie -------------------------- 78

Introduction

D'où sont originaires les **vampires*** ? **Janus** est-il un dieu du **chaos** ? Qui est **Moloch** ? Qui sont les **démons** ? Qu'est-ce qu'un **troll** ? Les **sorcières** sont-elles toutes des **Wicca** ?

Ce dictionnaire, 100% Fan Made, répond à toutes ces questions et bien plus encore en abordant les différentes mythologies rencontrées dans l'univers de l'immortel amour de la tueuse.

Inclus le guide des épisodes (*afin de respecter au mieux l'univers, le films et l'ensemble des épisodes ont été visionnés en version originale*).

* *Les termes en* **gras** *ont une entrée dans cet ouvrage.*

Mythologie égyptienne

Anmet • Khopesh • Ma'at • Mesektet •
Râ • Semkhet • Seth

Anmet / Amsèt

Amsèt (ou Imsèt) est l'un des quatre fils d'Horus. Amsèt est un être androcéphale.
Il veille avec Isis sur le vase canope qui contient le foie du défunt.

Khopesh / Khepresh

Le khepresh est une couronne royale de couleur bleue. Contrairement aux autres couronnes, celle-ci est exclusivement un attribut royal et n'est pas portée par les dieux.

Ma'at / Maât

Maât fut engendrée par Atoum au moment de l'univers et représente l'équilibre cosmique. Elle est la déesse de la Vérité-Justice et de l'Ordre. Sa mission est de résister aux forces du chaos.
Tout homme doit vivre suivant ses principes afin de conserver l'équilibre du monde. Au moment de sa mort, l'homme comparait devant Maât qui juge ses actions.
Maât est parfois considérée comme l'épouse de **Râ** et leur union représente le parfait équilibre du monde cosmique.
Maât est représentée avec une plume d'autruche sur la tête. La plume d'autruche est son symbole.

Manjet

Manjet est le nom donné à la barque de **Râ** le matin.

Mesektet / Meskhenèt

- **Meskhenèt**

Meskhenèt est la protectrice des femmes qui sont en train d'accoucher. Elle est représentée par une brique pourvue d'une tête de femme (personnification des briques sur lesquelles les femmes s'appuyaient lors de l'accouchement).
Dans le domaine cosmique, elle représente la butte primordiale sur laquelle fût bâti le monde.
Elle représente aussi le fondement des édifices sacrés.

- **Mesektet**

Mesektet est le nom donné à la barque de **Râ** le soir.

Râ

Dieu soleil représenté avec une tête de faucon coiffé du disque solaire.
Vénéré à l'origine à Héliopolis, son importance fût telle que son culte se propagea à travers le pays, parfois sous des formes différentes.
En tant que source de vie, il est associé à Atoum, repoussant le chaos par la lumière (Shou) et la chaleur (Tefnou) qui incarnent son rayonnement (et ses enfants)[1].
Râ traverse le ciel tout au long de la journée dans une barque (chaque instant de la journée lui confère un nom différents : Khépri à l'aube, Horakhty à midi, Atpum (sa forme primordiale) au crépuscule). La nuit, Râ transite par le monde inférieur/souterrain (sous la forme de Iouf) et celui-ci est gouverné par **Osiris** ; faisant

1 *Shou et Tefnou donnèrent naissance à Geb et Nout étroitement enlacés. Sur l'ordre de Râ, Shou (le père) les sépara, créant ainsi un espace entre le ciel (Nout) et la Terre (Geb).*
A leur tour, Nout et Geb donnèrent naissance à deux paires de jumeaux : Isis (première magicienne) et ***Osiris*** *(dieu fécondateur) qui s'unissent dans le ventre de leur mère, puis* ***Seth*** *(dieu du mal) et Nephtys (la Dame du Château). La relation incestueuse entre Nephtys et* ***Osiris*** *donna naissance à Anubis (divinité funéraire, gardien du Nécropole).*

d'eux des « ennemis » se poursuivant perpétuellement[2].
Lorsque le dieu vieillit, Isis fabriqua un serpent à partir de la terre et de la salive de Râ. Lorsque celui-ci fût piqué, Isis lui dit qu'elle peut le guérir à condition qu'il lui révèle son nom véritable. Il accepta et perdit ainsi une partir de son pouvoir. Sa faiblesse provoqua une rébellion parmi les hommes et Râ quitta la Terre (pour la région céleste). Ce départ marque la séparation définitive entre le monde terrestre et le monde divin.

Semkhet / Sekhmèt

Déesse de Memphis, compagne de Ptah et mère de Néfertoum (triade du cycle mensuel du monde). Son nom signifie la « Puissance » et elle est le plus souvent représentée sous l'aspect d'une lionne.
En tant que Déesse Dangereuse, elle est la redoutable vigueur du soleil. Cette agressivité est l'aspect protecteur de ses fonctions érotiques et maternelles.
Dans le mythe de la Vache du Ciel, **Râ** transforme la personnalité d'Hathor (sa fille) en saluant sa puissance, donnant ainsi son nom à Sekhmèt. L'ardeur dévastatrice (de la puissance) ne peut être conjuguée qu'en lui restituant ses qualités de génitrice potentielle.
Elle est particulièrement crainte avant le retour de l'inondation (crue du Nil) car elle est susceptible de répandre la mort et les maladies (par ses émissaires) parmi les humains. Elle peut aussi soigner et est ainsi la patronne des médecins (ses prêtres connaissaient l'art de guérir).

2 *Matin et soir, Râ se transformait en chat pour triompher du serpent Apophis, incarnation du mal, qui s'acharnait en vain à tenter d'interrompre sa course.*

Seth[3]

Fils de Geb et Nout, il est le frère d'**Osiris**, Isis et Nephthys dont il est l'époux.
Il est représenté comme un canidé à queue fourchue et aux oreilles coupées.
Lorsque Geb se retire, il partage son royaume entre **Osiris** (qui reçut l'Égypte) et Seth (qui reçut les étendus du désert). Jaloux[4], Seth tua **Osiris** puis le dépeça pour gouverner sur l'Égypte. Lorsque qu'Horus (fils d'Isis et d'**Osiris** ressuscité) fût en âge de régner, il réclame le trône d'Égypte qu'il obtient après maints combats et par décision divine.
Seth représente l'élément perturbateur, le maître des orages.
Présenté comme le rival d'Horus, il est aussi son complément. C'est un défenseur du soleil, repoussant les cohortes du chaos, opposant à Apophis.
Dans le conflit qui l'oppose à Horus, son agressivité est indispensable à la conservation du monde.

---

3 *Dans la mythologie judéo-chrétienne, le troisième fils d'**Adam** et **Ève** porte le nom de **Seth** (Cf. page 132).*

4 *La jalousie de Seth a aussi pu être causée par la relation incestueuse entre Nephthys et **Osiris** donnant naissance à Anubis.*

Mythologie gréco-romaine

Achille • Atlantis • Atlas • Éleusian •
Élysée • Furies • Hécate • Némésis •
Oracle de Delphes • Orphée • Pandore •
Poséidon • Pythia • Titan

Achille

▪ **Mythologie**

Achille est le fils du roi Pelée et de la nymphe Thétis. C'est le principal héros de l'*Iliade* qui raconte la guerre de Troie.

Sachant que son fils pouvait avoir un destin terrible, Thétis tenta de le rendre immortel en le plongeant dans le Styx. Seul son talon ne fut pas immergé car Thétis le tenait par celui-ci.

On offrit le choix de sa destinée à Achille : avoir une vie longue mais ennuyeuse ou avoir une vie courte et être un héros. Achille choisit d'être un héros.

Pour le protéger, Thétis l'envoya se cacher parmi les femmes à la cour du roi Lycomède dans l'île de Scyros où il fut appelé Pyrrha. Durant son séjour, Achille séduit la fille du roi : Déiclamie. Il eut un fils : Néoptolème (appelé aussi Pyrrhus). Les grecs, ayant besoin de la présence d'Achille pour vaincre les troyens, démasquèrent Achille en lui présentant des étoffes dans lesquelles étaient dissimulées des armes. Achille ne s'intéressa qu'aux armes.

Le bon ami d'Achille fut Patrocle. Lorsque Patrocle fut tué par Hector, Achille entra dans une rage noire et tua Hector à son tour.

Lorsque les **Amazones** vinrent en aide aux troyens, Achille tua leur reine (Penthésilée) dont il tomba amoureux.

Achille fut tué par Pâris dont la flèche fut guidée par Apollon dans son talon (son seul point faible) (Achille avait tué Ténès roi de l'île de Ténédos, fils d'Apollon).

▪ **Expression**

« Talon d'Achille » : désigne le défaut principal d'une personne ou d'une chose.

▪ **Anatomie**

Le talon d'Achille est la réunion des tendons des muscles jumeaux et soléaires au-dessus du talon.

Atlantis / Atlantide

- **Mythologie**

Pays situé au-delà des colonnes d'Hercule (détroit de Gibraltar), ce pays donne son nom à l'océan (Atlantide).
Ses habitants sont appelés les Atlantes.
Les dieux firent don à **Poséidon** de l'Atlantide où il tomba amoureux de Clito (ou bien de Clio, une muse), qui lui donna cinq paires de jumeaux dont l'aîné régna sur Atlantide.
Une citadelle puissamment fortifiée y fut construite.
Les Atlantes étaient doués dans l'art de travailler le métal, l'or s'y trouvait en abondance, ainsi qu'un métal précieux inconnu ailleurs : l'oricalque. La faune et la flore y étaient abondantes et merveilleuses.
Les Atlantes disputèrent à Athènes sa suprématie du monde. Ils partirent en guerre contre eux et furent vaincus. Pour les punir de leur immoralité, l'Atlantide fut engloutie par la mer.
Platon est le premier à nous raconter ce pays légendaire (dans *Timée* et *Critios*).

- **Histoire**

D'après des études archéologiques récentes, il semblerait que l'Atlantide soit l'île de Santorin (île grecque) qui était appelée Akrotinis avant que celle-ci soit partiellement englouti suite à une éruption volcanique importante (Akrotinis fut englouti sous plus de 20 mètres de cendre). A la même période, Roussolakos (en Crête) subit un tsunami. Des preuves du Tsunamis ont été retrouvées sur la côte d'Israël. Ces trois évènements ne semblent en être qu'un seul.
Le mythe de l'Atlantide peut aussi faire référence à une suite de territoires engloutis (mémoire collective des Hommes) et qui représente ce qui a été perdu par les Hommes.

Atlas

Atlas est un **Titan**, fils de Japet et de l'océanide Clyméné.
Il participe à la guerre des **Titans** contre les Olympiens. Lorsque les Olympiens gagnent la guerre, la punition d'Atlas est de supporter le poids de la voûte céleste au sommet du Mont Atlas.
Atlas est l'un des seuls à connaitre l'emplacement du jardin des Hespérides. Lorsqu'Hercule doit ramener les pommes de ce jardin à Eurysthée, il propose à Atlas d'aller les chercher pour lui tendit qu'Hercule le remplacerait pour porter la voûte céleste sur ses épaules. Atlas accepte et lorsqu'il revient avec les pommes, il refuse de reprendre sa place. Hercule lui dit qu'il a besoin de rajuster le poids de la voûte, c'est comme cela qu'Hercule parvient à redonner son fardeau à Atlas.
Un jour que Persée demanda l'hospitalité à Atlas, celui-ci la lui refusa. Mécontent, Persée présenta la tête de Méduse à Atlas qui fut figé dans la pierre. On raconte que ce sont les montagnes de l'Atlas en Afrique du Nord.

Éleusian / Éleusis

Éleusis est une petite ville proche d'Athènes où l'on célébrait particulièrement le culte de Déméter et **Perséphone**.

Élysée

L'Élysée (ou champs Élysée) est l'un des lieux des **enfers**. C'est la plaine riante, située aux confins de la terre où les élus des dieux étaient conduits après leur mort pour y jouir d'une éternelle félicité.

Furies / Érinyes

Les Furies sont la personnification de l'esprit de la vengeance, notamment lorsqu'un meurtre au sein de la famille (ou des proches au sens large) est commis. Elles poursuivent le meurtrier et le frappe de folie.

Elles sont au nombre de trois : Alecto (« l'implacable »), Mégère (« la malveillante ») et Tisiphoné (« la vengeresse de meurtre »).

Elles sont soit les filles de la nuit (Nyx), soit les filles de la terre (Gaïa)[5].

Lorsqu'elles ne sont pas sur terre, elles demeurent dans le Tartare où elles infligent leur terrible châtiment à ceux qui y sont condamnés. Les Érinyes accompagnent parfois **Hécate** lors de ces errances dans les cimetières.

Elles sont nommées Érinyes chez les Grecques et Furies chez les Romains.

Hécate / Trivia

- **Mythologie gréco-romaine**

Hécate est une ancienne déesse, Titanide ou bien fille de Zeus, elle lui reste fidèle lors de la rébellion des **Titans** contre Zeus. Pour la récompenser, Zeus lui donne pouvoir sur le ciel, la terre et les eaux.

Elle est la déesse de la magie et de la sorcellerie. Elle protège les **sorcières** et les aide à fabriquer leurs filtres.

Elle est représentée avec trois têtes (une de jument, une de femme et une de chien) qui peuvent correspondre aux phases de la lune et fait dans ce cas partie de la triade : Hécate, **Artémis**, **Perséphone**.

Elle rode dans les cimetières avec ces compagnes (les **Érinyes**) pour appeler les **fantômes** afin de terrifier les vivants.

Elle est vénérée aux carrefours et plus particulièrement ceux où sa statue est déposée (à l'embranchement de trois routes).

---

5 Elles passent parfois pour les filles d'Ouranos nées des gouttes de sang tombant de son phallus lorsque celui-ci fut tranché par Cronos.

Les athéniens en ont fait une déesse lunaire bienfaitrice favorisant la fertilité et les accouchements et prodiguant richesse, honneur et gloire.
Son nom latin est Trivia.

- **Démonologie**

Hécate est la diablesse qui préside aux rues et carrefours.
Elle est chargée, aux **enfers**, de la police sur la « voie publique ».
Elle est représentée avec trois visages : un de cheval (à droite), un de femme (au milieu) et un de chien (à gauche).
Lorsqu'Hécate est sur Terre, il y a de nombreux séismes, les feux éclatent et les chiens hurlent.

Némésis

C'est la fille de la déesse Nyx (déesse de la nuit), elle est la déesse de la Juste Vengeance (la vengeance divine). Elle châtie les criminels et puni les amants cruels.
Convoité par Zeus, elle lui échappe en se métamorphosant plusieurs fois. Sous la forme d'une oie, Zeus la retrouve, se transforme en cygne et s'unit à elle. Sous sa forme d'oie, Némésis pont un œuf duquel naît Hélène (qui sera à l'origine de la guerre de Troie).
Némésis peut aussi être considérée comme la protectrice de la pudeur.

Oracle de Delphes

L'Oracle de Delphes était une prophétesse, la **Pythie**, qui rendait les oracles au nom d'Apollon. Sa renommée était telle que les princes et puissants venaient lui demander conseils. Les prêtres, qui interprétaient ses paroles, influençaient donc la politique du monde.
Apollon fut honoré à Delphes car il tua le serpent Python qui ravageait tout.

Orphée

Fils de la muse Calliope, il est dévoué à **Dionysos**[6].
Orphée était un musicien merveilleux, lorsqu'il jouait de la lyre, les hommes s'apaisaient et les animaux le suivaient. Il parvint à dépasser les sirènes en jouant et permit aux Argonautes de terminer leur voyage.
Orphée épousa une naïade (ou une dryade) : Eurydice, qu'il aimait profondément. Un jour, Eurydice fut poursuivie des ardeurs d'Aristée et lorsqu'elle s'enfuit, elle se fit mordre par un serpent et mourut immédiatement.
Inconsolable, Orphée descendit aux **Enfers** par le Styx, il jouait si bien que Charon et Cerbère le laissèrent passer. **Hadès** et **Perséphone** furent attendris et autorisèrent Eurydice à quitter les **Enfers** à condition qu'Orphée ne se retourne pas avant d'avoir quitté définitivement les **Enfers**. Juste avant de sortir des **Enfers**, Orphée se demanda s'il n'avait pas été berné et se retourna, Eurydice disparut aussitôt et Orphée ne put retourner la chercher aux **Enfers**.
Orphée alla se réfugier dans la forêt et évita la compagnie des femmes. En prenant ombrage, les ménades, qui se disputaient les faveurs d'Orphée, le mirent en pièce.
La tête d'Orphée voyagea par le fleuve et atterrit à Lesbos où les gens de l'île enterrèrent sa tête et en firent un sanctuaire. Les muses rassemblèrent les fragments du corps d'Orphée et l'enterrèrent à Pirée.
Sa lyre devint une constellation.

6 *Cf. Sabassis*

Pandore

- **MYTHOLOGIE**

Pandore est la première femme créée par Zeus pour se venger de Prométhée. Elle fut façonnée par Héphaïstos à partir d'argile ; **Athéna** lui donna la vie ; Aphrodite lui donna la beauté et Hermès lui apprit le mensonge et la fourberie.
Pandore fut offerte en mariage à Épiméthée (le frère de Prométhée) qui l'accepta (contre l'avis de son frère). Le jour de leur mariage, les dieux offrirent une cassette qui ne devait jamais être ouverte. Mais curieuse, Pandore l'ouvrit et tous les maux se rependirent sur terre. Elle eut juste le temps de la refermer pour garder l'espérance au fond.
Pandore donna une fille à Épiméthée : Pyrrha qui épousa Deucalion et ils survécurent ensemble au déluge.

- **EXPRESSION**

« Boite de Pandore » : ce qui sous l'apparence de charme et de beauté peut causer beaucoup de souffrance.

Poséidon / Neptune

Fils de **Cronos** et Rhéa, il fut avalé par son père à la naissance avec ses frères et sœurs (**Hadès**, **Héra**, Déméter, Hestia), à l'exception de Zeus qui est échangé contre une pierre. A l'âge adulte, Zeus oblige **Cronos** à recracher ses enfants ; ceux-ci se battent contre lui pour obtenir le pouvoir.
Poséidon reçu le royaume de la mer dont il est le dieu suprême et est associé aux tremblements de terre.
Il a pour femme Amphitrite (une Néréide) qui lui donne trois enfants ; mais il a des enfants avec de nombreuses déesses, nymphes et mortelles. Il s'unit à Déméter sous la forme d'un cheval (car elle avait pris la forme d'une jument pour lui échapper).
C'est un dieu colérique et vengeur mais qui peut parfois faire preuve de bienveillance.

Il est représenté avec un trident et a le pouvoir de changer de forme. Il est le maître des chevaux.

Pythia / Pythie

La Pythie est la prophétesse qui rendait les **oracles** d'Apollon à Delphes. Elle était très écouté et ses prêtes exerçaient une grande influence.

Titan

Les Titans sont la race de dieux née de l'union d'Ouranos (le ciel) et de **Gaïa** (la terre). On compte douze principaux titans : **Cronos**, Rhéa, Océan, Téthys, Japet, Hypérion, Coéos, Crios, Phœbé, Thémis, Mnémosyné et Théia.
Certains de leurs enfants étaient considérés aussi comme des titans tels qu'Hélios (le soleil), Prométhée, **Atlas**.
Les enfants de **Cronos** et Rhéa ne sont pas des titans mais des Olympiens (Zeus et **Poséidon** par exemple).
Les Titans régnèrent lorsque **Gaïa** se vengea d'Ouranos en armant **Cronos** d'une faucille qui lui trancha les organes génitaux et pris sa place. Mais **Cronos** devient bientôt aussi tyrannique que son père et **Gaïa** aida Zeus à le renverser. Les Titans vaincus furent envoyés dans le Tartare où ils subissent mille tourments. Le châtiment **d'Atlas** est de porter la voûte céleste sur ses épaules.

Mythologie hindoue

Amara • Dalaï-lama • Mohra •
Shanshu • Shiva

Amara / Amaravati

La cité du dieu Indra est la ville-immortelle, appelée Amaravati. Elle est située près de la montagne polaire, le Meru.

Dalaï-lama

Le Dalaï-lama est le souverain spirituel et temporel du Tibet, considéré par ses fidèles comme une réincarnation du bodhisattva Avalokitésvara[7]. Selon la tradition, l'esprit du dalaï-lama est immédiatement réincarné après sa mort physique et se succède à lui-même.

Mohra / Moha

Moha est un Abhâsvara (un Rayonnant) incarnant l'Erreur. Il est l'ennemi de ceux qui cherchent la vérité.
Il s'agit de l'une des principales divinités régnant sur les qualités.

Shanshu

Le Shanshu est *Le livres de morales* qui enseigne que tout acte vertueux entraine des conséquences favorables (bénédiction) tandis que tout acte vicieux entraine des conséquences défavorables (malédictions).

---

7 *Avalokitésvara est l'incarnation de l'infinie compassion du* ***bouddha****. Il est le protecteur du monde et le porteur de lumière. Il passe pour être l'ancêtre des tibétains.*

Shiva

Shiva est le plus puissant des dieux du panthéon indien.
Shiva est un dieu bon et positif, qui se manifeste sous différentes formes.
Il est à l'origine de toute activité, à la fois constructeur et destructeur. Il est l'incarnation de la puissance reproductive divine de la nature.
Il est présent dans les cimetières et les bûchers et est alors représenté avec un collier de crâne, car il est le seigneur des **esprits**[8] et des **démons**.
Il fait partie de la trinité Brahma-**Vishnu**-Shiva et est le porteur du cycle de création-maintien-destruction.
Sous sa forme védique, il est Rudra, le dieu noir et démoniaque des tempêtes et de la mort et maître de la destruction.

---

8 *Cf. Fantômes*

Mythologie judéo-chrétienne

Adam • Anges • Apocalypse • Ascension • Bethléem • Bon samaritain • Chevaliers de l'Apocalypse • David et Goliath • Diable • Éden • Ève • Judas Iscariot • Paradis • Saint Graal • Silas

Adam

Adam est le premier homme créé par Dieu à partir de l'argile. Il vit dans le jardin d'**Éden**.
Dieu créa une femme pour Adam à partir d'argile, elle se nomme Lilith. Mais Lilith n'est pas obéissante et refuse de se soumettre à la loi de Dieu qu'Adam suit. Pour la punir, Dieu la chasse d'**Éden** et la rend stérile.
Dieu créa une seconde femme à Adam à partir d'une côte de celui-ci pour qu'elle lui reste toujours attachée ; il s'agit d'**Ève.**
Mais **Ève** est curieuse et se laisse convaincre par le serpent pernicieux de goûter au fruit de l'arbre de la connaissance. À cause de cela, Adam et **Ève** sont chassés du jardin d'**Éden** et sont condamnés à vivre sur Terre où chaque femme portera en elle le **péché** originel.

Anges

Ange, du latin (*angelus*) et du grec (*angelos*) signifie messager.
Les anges sont les intermédiaires, munis d'ailes, entre Dieu et les hommes. L'ange est un être spirituel, souvent guide et garde mais aussi chargé d'appliqué la justice divine (ange exterminateur par exemple).
Les anges incarnent la pureté, la beauté et la sérénité. Ils peuvent être représentés vêtus d'une armure ou d'une longue robe blanche.
Il existe différente sorte d'ange : les séraphins (ange possédant six ailes, chargés des purifications et extermination par le feu, représentant la Lumière), les chérubins (représentés par des lions ailés à tête humaine), des angelots (représenté comme des enfants potelés munis d'ailes) et des archanges (sommet de la hiérarchie angélique, ils sont au nombre de sept : Michel, Gabriel, Anaël, Raphaël, Samaël, **Cassiel** et Sachiel).

Apocalypse

L'Apocalypse est la fin du monde, représentée par le retour du Christ victorieux rétablissant la justice sur le monde, récompensant les justes et les fidèles et châtiant les méchants et les injustes.
Les **anges** joueront de la trompette, ce qui provoquera l'ouverture des sept sceaux du livre de l'Apocalypse dont sortiront les **Cavaliers** (quatre premiers sceaux) et les bêtes monstrueuses. A l'ouverture du septième sceau, le Christ sera de retour.

Ascension

L'Ascension commémore le départ vers le ciel du Christ en présence de ses apôtres et disciples.
L'Ascension intervient quarante jours après la résurrection du Christ (fêtée le dimanche de Pâques).
Bien que le terme d'Ascension ne concerne que la montée au ciel du Christ, il est à noter que la religion chrétienne reconnait deux autres montées au ciel : celle d'Hénoch (enlevé par Dieu après avoir vécu 365 ans) et celle du prophète Elie (enlevé par un char de feu tiré par des chevaux de feu).

Bethléem

Cette ville, située à environ sept kilomètres de Jérusalem, est reconnue comme la ville de naissance de Jésus-Christ.
Il s'agit aussi de la ville d'origine de la dynastie de **David**.

Bon Samaritain

Il s'agit du modèle de charité présenté par Jésus.
Un bon samaritain est une personne secourable, qui aide les autres (parfois à ses dépens).

Chevaliers de l'Apocalypse

Leur apparition sur Terre représente le début de l'**apocalypse**, c'est-à-dire, la fin du monde et le retour du Christ victorieux.
L'**Apocalypse** représente le retour du Christ qui rétablit la justice sur le monde, récompense les justes et les fidèles et châtie les méchants et les injustes.
Les chevaliers (ou cavaliers) sont au nombre de quatre et surgissent au moment de l'ouverture des quatre premiers sceaux du livre :
- la Conquête, dont le cheval est blanc et ayant pour attribut un arc
- la Guerre, dont le cheval est rouge et ayant pour attribut une épée
- la Famine, dont le cheval est noir et ayant pour attribut une balance
- la Mort, dont le cheval est pâle (ou verdâtre) et ayant pour attribut la faux.

Ils ont le pouvoir de faire mourir les hommes par l'épée, la faim, la mortalité et les bêtes sauvages.

David et Goliath

David, fils de Jessé, né à **Bethléem** est le roi de la tribu de Juda. David conquit la ville de Jérusalem et devint le roi de toutes les tributs d'Israël. Pendant sa lutte contre les Philistins, David abattit le géant Goliath avec une pierre lancée par sa fronde.
Ancêtre de Jésus, il incarne la liberté et la résistance à tous les pouvoirs contraignants.
Son fils, Salomon, lui succéda, agrandit le Royaume et construisit le temple de Jérusalem.

Diable / Satan

Le diable est le nom générique donné à l'incarnation des forces du mal ; il s'agit de Satan, l'**ange** déchu, le mauvais génie, le malin et chef des démons.
Le diable est l'ennemi des fidèles qu'il ne cesse de tenter par ses ruses. Il s'agit aussi de l'ennemi de l'humanité qu'il faut combattre à tout prix.
Satan / Belzébuth est représenté avec des ailles (**ange** déchu), possédant une ceinture de feu et un trident.

Éden

Dans la Bible, l'Éden (ou le jardin d'Éden) est le lieu où est situé le paradis terrestre. Il s'agit de la demeure originelle des Hommes dont **Adam** et **Ève** furent chassés après que celle-ci mordit dans un fruit de l'arbre de la connaissance qui lui était défendu.
Pour le christianisme, le paradis est le lieu où demeurent les âmes des hommes justes.
Le mot Éden vient de l'hébreu et signifie délices.

Ève

Ève est la seconde femme d'**Adam** et mère de tous les Hommes. Elle fut créée par Dieu à partir d'une côte d'**Adam**. Ils vécurent dans le jardin d'Éden. Un jour, Ève écouta le serpent qui lui dit qu'il n'y avait aucun risque à croquer une pomme de l'arbre de la connaissance (la consommation d'un de ces fruits était interdite). Pour cet acte, **Adam** et Ève furent chassés du jardin d'**Éden** et furent contraints d'errer sur terre.
Depuis ce jour, la femme porte en elle le **péché** originel.
Ève et Adam eurent trois fils : **Abel**, **Caïn** et Seth, et de nombreuses filles.

Judas Iscariot

- **Mythologie**

Judas était l'un des disciples de Jésus. Il le trahi, pour trente pièces d'argent[9], et le désigne en lui donnant un baiser (hypocrite). Il est à l'origine de la Passion du Christ.
Pris de remord, il se pendra.

- **Langue**

Les traîtres sont des Judas.

Paradis

Paradis vient du grec *paradeisos* et signifie jardin, verger. Il désigne le séjour des bienheureux après la mort.
La notion de paradis est commune à la plupart des religions et mythologies des hommes, lieu des délices où séjournent les hommes (justes) après leur mort.

9 *Cf.* ***Vampire***

Saint Graal

Le Saint Graal est la coupe ayant recueilli le sang du Christ lorsqu'il était sur la croix. Cette coupe serait celle dans laquelle il but lors de son dernier repas (la Cène). La légende veut que Joseph d'Arimathie[10] l'ait apporté en Angleterre et qu'il cacha la coupe sur une colline qui deviendra par la suite Glastonbury.
Il s'agit d'une relique sacré et très importante pour l'Église catholique.
Lors de la christianisation de la Grande-Bretagne, le Saint Graal fut assimilé au **Graal** des celtes et sa quête devient l'aventure principale d'**Arthur** et des Chevaliers de la Table Ronde.

Seth[11]

Seth est le troisième fils d'**Adam** et **Ève**. Il est né après le meurtre d'Abel par Caïn.
Caïn étant été maudit, Seth est le patriarche biblique.

Silas

Silas était un disciple de St Paul. Il l'accompagne lors de ces voyages. Au court de ceux-ci, il sera battu pour sa foi (en Macédoine notamment).
Il terminera son voyage à Corinthe.
Silas, tout comme St Paul, sont priés pour aider à supporter les épreuves de la vie.

---

10 *Joseph d'Arimathie est un contemporain et disciple de Jésus-Christ. Il est celui qui offrit son propre tombeau pour le Christ ait une dernière demeure.*
11 ***Seth** est le nom d'un dieu égyptien (Cf. page 108).*

Principes apparaissant dans plusieurs mythologies

Démon • Destin • Enfer • Génie •
Fantôme • Nécromancien •
Oracle • Reaper / Faucheuse • Sorcière •
Vampire

Démon

Du grec *daimôn*, qui signifie « génie, divinité ». Puissance terrestre ou céleste, entité que l'on rencontre dans toutes les mythologies antiques ainsi que dans les religions contemporaines.

Par sa force naturelle, le démon est souvent considéré comme dangereux mais il est positif lorsqu'on le maîtrise, le dompte ou l'apprivoise, tel que le Géant vert des traditions celtiques.

Dans l'animisme, le démon est souvent l'esprit ou l'énergie d'un fleuve, d'un arbre, d'un volcan ou d'un phénomène incompréhensible ou non maîtrisable.

Pour la Bible, et notamment le Nouveau Testament, les démons sont les agents du mal, maladies et souffrances ; c'est pourquoi chasser les démons correspond à guérir et apaiser le malheur des hommes. Seule la prière et le pouvoir du Seigneur peuvent triompher de ces entités négatives au service de Satan.

Destin / Destinée

Il s'agit de l'avenir prédestiné de quelqu'un ou quelque chose, inévitable, souvent orchestré par une puissance supérieure.

La destinée peut être soit bénéfique, il s'agit alors de bonne fortune, soit néfaste, il s'agit alors de fatalité.

Enfer / Enfers

- **Mythologies monothéiste**

Il s'agit du lieu où l'âme des défunts impurs, infidèles subissent les tourments comme châtiment de leurs mauvaises actions sur Terre. Pour la religion chrétienne, seules les âmes damnés finissent en enfer, les saints finissent directement au paradis et les pêcheurs

doivent accomplir leur peine au purgatoire avant de pouvoir accéder au paradis.
L'Enfer est le domaine de **Satan**, la symbolique du feu y est presque toujours rattachée.

- **Mythologie grecque**

Il s'agit du royaume des morts et **Hadès** en est le gardien. Tous les morts y finissent. Charon guide les morts sur Styx pour accéder aux Enfers qui est gardé par Cerbère (qui empêche les morts de sortir). Trois juges (Minos, Éaque et Rhadamanthe) définissent dans quel lieu le défunt terminera son séjour. Les enfers comportent plusieurs lieux; Les défunts vont dans celui qui correspond à la vie qu'ils ont menée sur Terre : le Tartare (où finissent les mauvais qui y subissent leur châtiment éternel) ; les champs d'asphodèles (où finissent la plupart des morts qui réalisent de façon mécanique les tâches qu'ils effectuaient de leur vivant) ; les Champs **Élysée** (lieu de délice où finissent les âmes méritantes).

- **Mythologie scandinave**

Il n'y a pas d'enfer à proprement parlé en mythologie scandinave. Les âmes des morts finissent dans différents lieux en fonction de leur vie. Les hommes morts de vieillesse ou de maladie finissent dans le royaume de Hel[12] ; les combattants tombés au combat finissent, pour moitié, dans la Valhalla d'Odin, l'autre moitié va dans la demeure de Freyia.

- **Mythologie celtique**

Il n'y a pas d'enfer en mythologie celtique. Les héros partent pour l'Autre monde, à l'instar d'**Arthur**, où règne la paix et l'abondance ; tandis que le reste des mortels est emmené par l'Ankou[13] (personnage de la mort, squelette portant sa faux et remplissant sa charrette grinçante des âmes des trépassés) sur le Grand Océan vers l'ouest du soleil couchant.

- **Mythologie égyptienne**

Il n'y a pas de châtiments d'outre-tombe mais les justes bénéficient d'une vie éternelle semblable à celle qu'ils ont vécue sur terre tandis que les méchants sont voués au néant.

---

12 *Le nom de Hel a donné Hell, à savoir enfer en anglais.*

13 *La **faucheuse** (ou camarde) est une descendante directe de l'Ankou.*

- **Mythologie mésopotamienne**

On y trouve dans les profondeurs de la terre un Kigallou, environné d'une septuple enceinte, où les morts sont plongés dans une obscurité épaisse et n'ont pour nourriture que les offrandes des vivants déposées dans les tombeaux.
Le défunt devient une sorte d'esprit ou de **fantôme** ; l'esprit-fantôme, surtout après une mort violente, prend quelque fois un aspect malveillant et tourmente les vivants. Seuls les nouveau-nés et ceux qui sont morts avant leur temps jouissent d'une existante agréable dans l'au-delà. Les morts sans sépulture (qui ont péri dans un incendie notamment), ont une existante post-mortem des plus accablantes.

Fantôme / Revenant / apparition / *Wraith*

Le fantôme, revenant, esprit, apparition, phantame[14], spectre, est l'apparition d'un défunt sous une forme réelle ou translucide. Le défunt revient sous cette forme, notamment en cas de mort violente, pour se venger ou être venger. Il existe plusieurs rituels pour se débarrasser d'un fantôme, en particulier celui de lui fournir une sépulture décente ou de lui obtenir réparation. Lorsqu'un fantôme n'a pu l'obtenir, il hante les lieux et se transforme en mauvais esprit.

- **Mythologie**

Les fantômes font partie de ces êtres présents dans l'ensemble des mythologies. Les vivants les craignent et ont établi de nombreux rites afin qu'un défunt ne revienne pas sous la forme d'un fantôme (feux follets celtes). Les lémures peuvent aussi bien être des fantômes que des **vampires**.

- **Langue**

Wraith (en anglais) désigne une apparition ou un spectre dans le folklore celtique (Royaume-Uni).

14 *Du latin phantasma : apparition.*

Génies / Djinn

- **Mythologie germano-scandinave**

Le terme de génie désigne les divinités secondaires. Certaines font l'objet de culte populaire, ce sont des divinités «personnelles», jouant un rôle protecteur, proche de l'ange gardien chrétien.
Le terme de génie peut aussi désigner les créatures féeriques :
- Elfes : ils ont un aspect humain et sont soit très beaux soit petits et repoussants.
- Gnomes : ils habitent au sein de la terre et dans les montagnes. Ce sont de petits vieillards, portant une barbe et un bonnet phrygien rouge. Ils sont invisibles le jour mais se trahissent la nuit par le feu et le bruit de leur forge.
- Lutins : ils sont représentés comme de vieux nains portant un bonnet phrygien. Ils sont taquins et généralement serviables.
- Nains : ils habitent les cavernes, arbres creux, les antres ou le sein de la terre. Ils sont parfois hostiles aux hommes mais le plus souvent leur sont favorables.
- Nixes : ce sont les génies marins qui attirent l'homme dans les eaux. Ils peuvent prendre plusieurs aspect et ils sont reconnaissables à l'ourlet mouillé de leur vêtement lorsqu'ils ont forme humaine.
- Sylphes : ce sont les génies habitant l'atmosphère ; Obéron (roi des Elfes) en fait partie.

- **Mythologie gréco-romaine**

Le génie est la représentation divinisé de l'homme qui protège l'individu (rarement lui nuire). Le terme *genius* est utilisé pour les génies rattachés à des hommes et le terme de ***junon*** à ceux rattachés aux femmes.

- **Mythologie hindoue**

Les génies (Daityas et Danavas) sont des êtres surnaturels résidant dans les mondes inférieurs mais jouissant des plaisirs célestes. Ils comptent parmi les anti-dieux (frères aînés des dieux) et ont été relégués dans les mondes souterrains car ils étaient orgueilleux, cruels et sensuels.

- **Mythologie orientale**

Le termes de Djinn est originaire d'Orient et désigne un génie, pouvant apparaître sous forme humaine ou animale. Il posséde les caractéristiques de la forme empruntée tout en conservant ses caractéristiques intrinsèques. Certains sont bénéfiques et d'autres redoutables.
L'union d'un Djinn et d'un humain peut donner naissance à des êtres aux qualités extraordinaires ou bien à des êtres diaboliques, ils sont alors appelés *Ifrits* et *Marids*.

Nécromancien

Le nécromancien est celui qui pratique la nécromancie.
La nécromancie est l'art de lire dans les morts (particulièrement leurs entrailles) dans le but de prévoir l'avenir.
Cette pratique est très ancienne et a toujours été considérée comme diabolique et satanique par l'Église.

Oracle

Un oracle est la réponse qu'une divinité donne au fidèle qu'il l'a consulté.
Le terme correspond aussi à la personne à travers laquelle la divinité parle ou bien le lien où sont rendus les oracles.
Le plus souvent, les oracles rendus sont obscurs et se présentent sous forme d'énigme. D'où la présence de « prêtres » ayant pour rôle de les interpréter.
On retrouve cette façon d'interroger aux dieux dans la majorité des mythologies.

Reaper / Faucheuse

Reaper pour les anglais est La Faucheuse ou la Camarde en France. Il s'agit de la personnification de la mort qui emmène l'âme quand le temps est venu.
L'Ankou est l'ancêtre du Reaper.
Ce personnage n'est ni bon ni mauvais, il accompagne les hommes après leur mort vers leur dernière demeure.
Ce personnage est présent dans de nombreux folklores et mythologies.

Sorcière, Sorcier et Mage

On retrouve des êtres pratiquant la magie dans l'ensemble des mythologies et religions. En revanche, la société les considère soit bénéfique soit maléfique, dans tous les cas, les êtres pratiquant la magie sont toujours respectés et/ou craints.

- **Mythologie celtique**

Les druides appartiennent à une classe sociale élevée comportant les bardes, poètes et devins. Ils avaient les connaissances des plantes et de leurs utilisations. En Gaule, ils font office d'éducateurs et pratiquent de nombreux rites (celui de la cueillette du gui est le seul qui nous est connu). En Irlande, les druides sont tous magiciens (ils évoquent le passé et prédisent l'avenir, ils guérissent les maladies).

- **Mythologie égyptienne**

Isis est la première des magiciennes. Elle est vénérée dans toute l'Égypte et son culte est l'un des derniers à disparaitre.
Les prêtres de plusieurs cultes peuvent être considérés comme des sorciers.

- **Mythologie germano-scandinave**

Les sorcières sont des femmes malignes qui tourmentent l'homme en détruisant son travail, métamorphosant son bétail.
Elles voyagent à dos de bouc et il n'est pas rare de les voir traverser le ciel.

- **Mythologie gréco-romaine**

Hécate est la déesse de la magie et de la sorcellerie. Elle est la protectrice des sorcières et les aide à préparer leurs potions.
Circé est une magicienne qui transforma les compagnons d'Ulysse en cochon lorsque ceux-ci atteignirent son île. Ulysse ne subit pas son pouvoir car il possédait une herbe, qu'Hermès lui avait donné, qui le protégeait des pouvoirs de Circé.

- **Mythologie judéo-chrétienne**

Les sorciers sont des êtres pratiquants la magie ainsi que les prêtres des anciennes religions.
La magie est toujours noire (jamais blanche) car il s'agit d'une manipulation du monde tel que Dieu l'a créé. Les êtres pratiquant la magie sont presque toujours des femmes (car la femme porte en elle le **péché** originel et est donc plus encline à la tentation que l'homme).
Les sorciers et sorcières ont de tout temps été condamnés et persécutés. Les périodes les plus noirs ont laissé des traces dans l'Histoire (l'Inquisition du XVème au XVIIIème siècle ; le procès des sorcières de Salem en 1692...).
Il ne faut pas confondre les sorciers avec les (rois)-mages qui étaient des prêtres astrologues ayant été avertis de la naissance du Christ par une étoile et l'ayant suivi pour honorer sa naissance.

- **Les chamans**

Les chamans peuvent être assimilés aux sorciers bien que leurs origines diffèrent. Ils sont présents dans de nombreuses régions du monde (principalement en Amérique, Australie, Afrique). En Occident, les druides et certains prêtres avaient le même rôle.
Les chamans ont un rôle à la fois de guide et d'intermédiaire. Ce sont des médecins (identification des maladies) et guérisseurs (guérir les maladies), des devins (prédire l'avenir) et des sorciers (retrouver des personnes et objets perdus, démasquer les coupables...). Ils ont aussi un rang social important (ils nomment les enfants).

- **Créature fantastique**

Les sorcières sont des femmes pratiquant la magie, fabriquant des potions dans des chaudrons, lançant des sorts (parfois à l'aide d'une baquette magique). Elles peuvent se déplacer sur des balais volants et savent aussi métamorphoser les êtres ou bien elles-mêmes. Elles sont souvent craintes mais toujours respectées. Elles peuvent aussi bien être bénéfique (pratiquant la magie blanche) que maléfique (pratiquant la magie noire).
Il arrive fréquemment qu'une sorcière pratiquant la magie blanche bascule du côté du mal suite à un événement tragique.
La sorcière est régulièrement rencontrée dans l'univers fantastique, soit en tant que héros, soit en tant qu'alliée ou ennemie.

Vampire

- **Mythologie aztèque et maya**

Le dieu Tezcatlipoca, dieu de la Guerre et de la Nuit, était le protecteur des vampires et des **loups-garous**.

- **Mythologie grecque**

On trouve (la) Lamia[15] chez les Grecs qui enlevait les petits enfants pour sucer leur sang. Lamia faisait office de croque-mitaine à l'Antiquité.

- **Mythologie hindoue**

Les Vétalas sont des vampires qui animent les cadavres. Ils pratiquent la magie noire.

- **Mythologie judéo-chrétienne**

Il s'agit de la forme la plus populaire des vampires. Ceux-ci sont des vivants qui ont été mordus puis transformer à leur tour en vampire. Traditionnellement, il faut que le futur vampire boive du sang de vampire pour en devenir un lui-même. Mais dans certaines traditions, celui qui est mordu par un vampire devient à son tour un vampire.
Les vampires sont des non-morts, ils n'ont pas de pouls ni de reflet

15 *Lamia fut aimé par Zeus qui lui donna un enfant, Héra, par jalousie, fit en sorte que Lamia dévore son propre enfant. Elle devient folle par la suite et devient un monstre qui vit dans une caverne et ravissant des enfants pour se repaître de leur sang.*

dans un miroir. Ils craignent la croix, l'eau bénite, l'ail et l'argent (métal). Pour les tuer, il faut soit leur enfoncer un pieu en bois dans le cœur ou bien leur trancher la tête. Le feu et la lumière du soleil leur sont fatals.
Les vampires sont soit les descendants de Lilith (première femme d'**Adam**, créé en même temps que lui avec de l'argile ; stériles et ravisseuse de nourrissons) ou bien les fils de Judas (celui qui trahi le Christ pour trente pièces d'argent, en lui donnant un baisé et qui se pendra).

- **Mythologie romaine**

Les Lémures sont les esprits des morts.
On pratiquait des cérémonies, début mai, appelé Lémuria, pour se débarrasser de ses esprits en leur faisant offrande de fèves noires.

- **Créature fantastiques**

La forme traditionnelle du vampire est celle popularisée par Bram Stoker, à travers son roman Dracula. Le comte Dracula était un personnage sanguinaire de son vivant qui devient vampire à sa mort.
Le vampire est souvent séduisant, exerçant un attrait particulier lié aux dangers de la nuit. Avant de pouvoir entrer dans un lieu d'habitation, le vampire doit y être invité par l'un des occupants de celle-ci.
Le vampire est régulièrement rencontré dans l'univers fantastique, le plus souvent sous sa forme judéo-chrétienne, soit en tant que héros, soit en tant qu'ennemi.

Autres mythologies

Aura • Sabassis • Wicca

Aura

- **Parapsychologie**

Il s'agit d'un halo qui entoure chacun et représentant la sophistication de l'être. Ce halo n'est visible que pour les seuls initiés, mais il peut être vu par tous après une rencontre directe avec une divinité.

Sabassis / Sabazios

- **Mythologie thrace**

Sabazios est le dieu Thrace (et Phrygien) de la végétation et de la bière. Son culte s'étendit jusqu'en Grèce où il devient Dionysos, on le nomme parfois Bacchus.

- **Mythologie gréco-romaine : Dionysos / Bacchus**

Dionysos est le dieu gréco-romain du vin et promoteur de l'agriculture. Il est le fils de Zeus et de Silène. Silène mourut avant de pouvoir lui donner naissance et pour le sauver, Zeus s'ouvrit la cuisse et y plaça son fils. Deux mois plus tard, Zeus ouvre sa cuisse et Dionysos en sort. Pour le protéger de la jalousie d'**Héra**, Zeus confit Dionysos aux nymphes pour que celles-ci l'élèvent.

Dionysos a le pouvoir de frapper de folie ceux qui refusent de lui rendre hommage.

Il est accompagné des **satyres**. Les femmes qui lui rendent hommage sont habillées de peau de bête et dans la nuit dans les montagnes, on les appelle mes ménades (ou bacchantes).

Dionysos devient par la suite un dieu des plaisirs et de l'exaltation. Il est assimilé à Liber Pater chez les Romains

Wicca

La Wicca est une religion néo-païenne, ayant pris un essor au milieu du XXème siècle. Ces adeptes prônent un culte envers la nature et « pratique la magie » (on peut considérer que les Wicca sont les **sorciers** modernes).
Ces inspirations sont multiples (bouddhisme, germano-scandinave, gréco-romaine, celte).
La Wicca est particulièrement proche des celtes de par ces sabbats rituels aux pleines lunes, solstices et équinoxes ainsi que les quatre grandes fêtes celtique : Samain, Imbolc, Beltaine[16] et Lugnasadh. De plus, le principe d'une Déesse Mère (la Lune, principe féminin) s'unissant au Dieu Cornu (principe masculin) est directement issu de la mythologie celtique.

---

16 *ou Beltane.*

Géographie

Amalfi • Illyria • Petra • Stonehenge • Svear

Amalfi

Ville d'Italie située sur le golfe de Salerne. La ville est construite en amphithéâtre au-dessus de la mer. Elle pratique de nombreux échanges avec l'Empire byzantin. Il s'agit d'un port important de la Méditerranée et fut incorporée au royaume de Sicile en 1131.

Illyria / Illyrie

L'Illyrie est une région montagneuse de la côte orientale et septentrionale de l'Adriatique.

Petra

Pétra est une ancienne ville d'Arabie, au sud de la mer Morte. Il s'agissait de la capitale des Nabatéens depuis le IXème siècle avant J.-C.

Ce qui reste de la ville aujourd'hui sont ses tombeaux rupestres dont les façades témoignent des influences romaines et hellénistiques.

Stonehenge

Site préhistorique du sud de l'Angleterre, au nord de Salisbury. Son important cromlech est vraisemblablement un ancien sanctuaire dédié à un dieu solaire.

Svear

Svear est la région historique de la Norvège. Il s'agit aussi du nom des habitants qui peuplaient la région.

Langue et écriture

Blackthorn • Brachens • Bringers • Burrower • Cabale • Fiends • Grappler • Habeas corpus • Hacksaw • Haklar • Hesperus • Howler • Lubber • Scourge • Septus • Slog • Thaumagenesis • Torto • Wolfram & Hart

Blackthorn

Blackthorn (anglais) : prunelier (arbre) ou épine noire (au sens large).

Brachens

Brachen est utilisé en allemand pour les verbes casser, briser, rompre.

Bringers / Harbingers

Bringers (anglais) ou *harbringers* sont les messagers.

Burrower

Burrower en anglais désigne un animal qui creuse

Cabale / Kabbale

La cabale désigne les manœuvres et intrigues visant à provoquer le succès ou l'échec de quelqu'un. Le mot cabale peut aussi désigner le groupe de personne effectuant les manœuvres.
Anciennement, la kabbale est une science occulte tendant à la communication avec le monde surnaturel.

Fiends

Fiends (anglais) : démon, diable, monstre (sens premier) ; fanatique, fana, mordu (deuxième sens)

Grappler

Grappler (anglais) : lutteur

Habeas corpus

Habeas corpus est une loi du gouvernement anglais garantissant la liberté individuelle et évitant la détention arbitraire et sans motif d'un individu.
L'ordonnance d'Habeas corpus permet à un détenu de comparaître immédiatement devant le juge afin que celui-ci vérifie les motifs de la détention et établie la mise en liberté définitive ou sous caution du dit-individu.

Hacksaw

Hacksaw (anglais) : scie à métaux

Haklar

Haklar (turc) : les droits (relatif à la loi)

Hesperus

Hesperis (latin) : du soir

Howler

Howler (anglais) : gaffe, bourde

Lubber

Lubber (anglais) : une personne stupide, un rustre

Scourge

Scourge (anglais) : fléau

Septus

Septus / Seaptus / Seapta (latin) : désigne une grande place fermée par une enceinte (originellement lieu où l'on se réunissait pour voter, vendre, acheter…)

Slog

Slog (anglais) : travail, corvée.
To slog (anglais) : trimer

Taumagenesis

Thauma en grec est une merveille, un étonnement. *Genesis*, provient de genèse, et désigne la création. Taumagenesis est la création du merveilleur.

Torto

Torto (latin) : celui qui brandit, qui lance. Peut désigner aussi le bourreau.

Wolfram & Hart

Wolf (anglais) : loup (français)
Ram (anglais) : bélier (français)
Hart[17] (anglais) : cerf (français)

17 *On utilise principalement le mot stag pour désigner le cerf*

Guide des épisodes

Film								
Buffy	S01	S02	S03	S04	S05	S06	S07	
Angel				S01	S02	S03	S04	S05

Légende des abréviations :
A : Autres mythologies ;
C&H : chinoise et hindoue ;
D : démonologie ;
E&M : égyptienne et mésopotamienne ;
LF : légende et fantastique ;
GR : gréco-romaine ;
JC : judéo-chrétienne ;
L : langue ;
P : plusieurs mythologies.

SAISON 01

01.01 Bienvenue à Los Angeles - *City of...*

01.02 Angel fait équipe - *Lonely Hearts*

01.03 La Pierre d'Amarra - *In the Dark*

01.04 L'Étrange Docteur Meltzer - *I Fall to Pieces*

01.05 L'Appartement de Cordelia - *Room With a View*

01.06 Raisons et Sentiments - *Sense and Sensitivity*

01.07 Enterrement de vie de démon - *The Bachelor Party*

01.08 Je ne t'oublierai jamais - *I Will Remember You*

01.09 Sacrifice héroïque - *Hero*

01.10 Cadeaux d'adieu - *Parting Gifts*

01.11 Rêves prémonitoires - *Somnambulist*

01.12 Grossesse express - *Expecting*

01.13 Guerre des sexes - *She*

01.14 Exorcisme - *I've Got You Under My Skin*

01.15 1753 - *The Prodigal*

01.16 La Prison d'Angel - *The Ring*

01.17 Jeunesse éternelle - *Eternity*

01.18 Cinq sur cinq - *Five By Five*

01.19 Sanctuaire - *Sanctuary*

01.20 Frères de sang - *War Zone*

01.21 Force aveugle - *Blind Date*

01.22 Le Manuscrit - *To Shansu in Los Angeles*

AMALFI (G)[18] ;
AMARA (H) ;
ANGE (JC) ;
BON SAMARITAIN (JC ;
BRACHENS (L) ;
BRINGERS (L) ;
BURROWER (L) ;
DAVID ET GOLIATH (JC) :
FANTOME (P) ;
FIENDS (L) ;
HACKSAW (L) ;
HOWWLER (L) ;
JUDAS (JC) ;
MOHRA (H) ;
ORACLE (P) ;
SATAN (JC) ;
SCOURGE (L) ;
SHANSHU (H) ;
VAMPIRE (P) ;
WOLFRAM & HART (L)

18 *Il s'agit de la première apparition dans Angel*

SAISON 02

02.01 Le Jugement - *Judgement*

02.02 L'Hôtel du mal - *Are You Now Or Have You Ever Been?*

02.03 Premières Impressions - *First Impressions*

02.04 Intouchable - *Untouched*

02.05 Cher amour - *Dear Boy*

02.06 L'Usurpateur - *Guise will be Guise*

02.07 Darla - *Darla*

02.08 Le Linceul qui rend fou - *The Shroud of Rahmon*

02.09 L'Épreuve - *The Trial*

02.10 Retrouvailles - *Reunion*

02.11 Déclaration de guerre - *Redefinition*

02.12 Argent sale - *Blood Money*

02.13 La Machine à arrêter le temps - *Happy Anniversary*

02.14 L'Ordre des morts-vivants - *The Thin Dead Line*

02.15 Le Grand Bilan - *Reprise*

02.16 Retour à l'ordre - *Epiphany*

02.17 Amie ou ennemie - *Disharmony*

02.18 Impasse - *Dead End*

02.19 Origines - *Belonging*

02.20 De l'autre côté de l'arc-en-ciel - *Over the Rainbow*

02.21 Sa Majesté Cordelia - *Through the Looking Glass*

02.22 Fin de règne - *There's No Place Like Plrtz Glrb*

Apocalpyse (JC) ;
Haklar (L) ;
Lubber (L) ;
Silas (JC) ;
Sorcière (P)
Torto (L) ;
Zombie (LF)

SAISON 03

03.01 À cœur perdu - *Heartthrob*

03.02 Le Martyre de Cordelia - *That Vision Thing*

03.03 Le Sens de la mission - *That Old Gang of Mine*

03.04 Dans la peau d'Angel - *Carpe Noctem*

03.05 Les Démons du passé - *Fredless*

03.06 Billy - *Billy*

03.07 La Prophétie - *Offspring*

03.08 Accélération - *Quickening*

03.09 Le Fils d'Angel - *Lullaby*

03.10 Papa - Dad

03.11 Anniversaire - *Birthday*

03.12 Soutien de famille - *Provider*

03.13 Les Coulisses de l'éternité - *Waiting in the Wings*

03.14 Rivalités - *Couplet*

03.15 Loyauté - *Loyalty*

03.16 Bonne nuit Connor - *Sleep Tight*

03.17 Impardonnable - *Forgiving*

03.18 Quitte ou double - *Double or Nothing*

03.19 Le Prix à payer - *The Price*

03.20 Un nouveau monde - *A New World*

03.21 Bénédiction - *Benediction*

03.22 Demain - *Tomorrow*

Enfer (P);
Ève (JC) ;
Furies (GR) ;
Grappler (L) ;
Hesperus (L) ;
Judas Iscariot (JC) ;
Leprechaun (LF) ;
Paradis (JC) ;
Slog (L) ;
Thaumagenesis (L) ;
Wraith-ers (P)

SAISON 04

04.01 Dans les abysses - *Deep Down*

04.02 Cordelia, où es-tu ? - *Ground State*

04.03 Le casino gagne toujours - *The House Always Wins*

04.04 Mensonges et Vérité - *Slouching Toward Bethlehem*

04.05 L'Ombre des génies - *Supersymmetry*

04.06 La Bouteille magique - *Spin the Bottle*

04.07 Le Déluge de feu - *Apocalypse, Nowish*

04.08 Le Piège - *Habeas Corpses*

04.09 La Course du soleil - *Long Day's Journey*

04.10 L'Éveil - *Awakening*

04.11 Sans âme - *Soulless*

04.12 La Grande Menace - *Calvary*

04.13 Le Retour de Faith - *Salvage*

04.14 Libération - *Release*

04.15 Orphée - *Orpheus*

04.16 Opération Lisa - *Players*

04.17 L'Horreur sans nom - *Inside Out*

04.18 Douce Béatitude - *Shiny Happy People*

04.19 La Balle magique - *The Magic Bullet*

04.20 Sacrifice - *Sacrifice*

04.21 La Paix universelle - *Peace Out*

04.22 Une vraie famille - *Home*

Adam (JC) ;
Anmet (E) ;
Ascension (JC) ;
Atlantis (GR) ;
Bethelehem (JC) ;
Génies (P);
Habeas Corpus (L);
Hecate (GR) ;
Khopesh (E) ;
Ma'at (E) ;
Mesektet (E) ;
Oracle de Delphes (GR) ;
Orphée (GR) ;
Pythie (GR) ;
Râ-tet (E) ;
Semkhet (E) ;
Seth (E) ;
St Graal (JC) ;
Stonehenge (G);
Svear (G)

SAISON 05

05.01 Conviction - *Conviction*

05.02 Justes Récompenses - *Just Rewards*

05.03 La Fille loup-garou - *Unleashed*

05.04 Au bord du gouffre - *Hell Bound*

05.05 Une fête à tout casser - *Life of the Party*

05.06 Cœur de héros - *The Cautionary Tale of Numero Cinco*

05.07 Lignée - *Lineage*

05.08 Destin - *Destiny*

05.09 Harmony ne compte pas pour du beurre - *Harm's Way*

05.10 Cauchemars - *Soul Purpose*

05.11 Folle - *Damage*

05.12 Le Retour de Cordelia - *You're Welcome*

05.13 Le Sous-marin - *Why We Fight*

05.14 Les Marionnettes maléfiques - *Smile Time*

05.15 Un trou dans le monde - *A Hole in the World*

05.16 Coquilles - *Shells*

05.17 Sous la surface - *Underneath*

05.18 Une autre réalité - *Origin*

05.19 Bombe à retardement - *Time Bomb*

05.20 La Fille en question - *The Girl in Question*

05.21 Jeu de pouvoir - *Power Play*

05.22 L'Ultime Combat - *Not Fade Away*

Achille (GR) ;
Atlas (GR) ;
Black Thorn (L) ;
Cabale (L) ;
Cavaliers de l'Apocalypse (JC) ;
Dalaï-lama (H) ;
Élysée (GR) ;
Illyria / Illyrie (G) ;
Loup-garou (LF);
Nécromancien (P);
Nemesis (GR);
Pandore (GR) ;
Petra (G) ;
Poséidon (GR) ;
Sabassis (A) ;
Shiva (H) ;
Reaper (L) ;
Titan (GR)

Table des matières

Élément	Mythologie	Page
Achille	Gréco-romaine	19
Adam	Judéo-chrétienne	33
Amalfi	Géographie	57
Amara	Hindoue	29
Ange	Judéo-chrétienne	33
Anmet	Égyptienne	13
Apocalypse	Judéo-chrétienne	34
Apocalypse (4 cavaliers)	Judéo-chrétienne	35
Ascension	Judéo-chrétienne	34
Atlantis	Gréco-romaine	20
Atlas	Gréco-romaine	21
Aura	Autres	53
Bethelehem	Judéo-chrétienne	34
Bon samaritain	Judéo-chrétienne	35
Black thorn	Langue	61
Brachens	Langue	61
Bringers	Langue	61
Burrower	Langue	61
Cabale	Langue	61
Dalai lama	Hindoue	29
David et Goliath	Judéo-chrétienne	36
Démon	Plusieurs	41
Destiné	Plusieurs	41
Diable / Satan	Judéo-chrétienne	36
Éden	Judéo-chrétienne	36
Eleusian	Gréco-romaine	21

Élément	Mythologie	Page
Élysée	Gréco-romaine	21
Enfers	Plusieurs	41
Ève	Judéo-chrétienne	37
Fantôme	Multiple	43
Fiends	Langue	62
Furies	Gréco-romaine	22
Génie	Plusieurs	44
Grappler	Langue	62
Habeas corpus	Langue	62
Hacksaw beast	Langue	62
Haklar	Langue	62
Hécate	Gréco-romaine	22
Hesperus	Langue	63
Howler	Langue	63
Illyria	Géographie	55
Judas Iscariot	Judéo-chrétienne	37
Khopesh	Égyptienne	13
Lubber	Langue	63
Ma'at	Égyptienne	13
Manjet	Égyptienne	13
Mesektet	Égyptienne	14
Mohra	Hindoue	29
Necromancien	Plusieurs	45
Nemesis	Gréco-romaine	23
Oracle	Plusieurs	45
Oracle de Delphes	Gréco-romaine	23
Orphée	Gréco-romaine	24
Pandore	Gréco-romaine	25
Paradis	Judéo-chrétienne	37

Élément	Mythologie	Page
Petra	Géographie	57
Poseidon	Gréco-romaine	25
Pythia	Gréco-romaine	26
Ra-tet	Égyptienne	14
Reaper	Multiple	46
Sabassis	Autres	53
Scourge (the)	Langue	63
Semkhet	Égyptienne	15
Septus	Langue	63
Seth	Égyptienne	16
Seth	Judéo-chrétienne	38
Shanshu	Hindoue	29
Shiva	Hindoue	30
Silas	Judéo-chrétienne	38
Slog	Langue	64
Sorcière	Plusieurs	46
St Graal	Judéo-chrétienne	38
Stonehenge	Géographie	57
Svear	Géographie	57
Thaumagenesis	Langue	64
Titan	Gréco-romaine	26
Torto demon	Langue	64
Vampire	Multiple	47
Wicca	Autres	54
Wolfram & Hart	Langue	64
Wraith-ers	Multiple	43

Bibliographie

- *La Mésopotamie,Ascalone E.,éd. Hazan,2006.*
- *Petit Dictionnaire des Dieux Egyptiens,Blottière A.,éd. Zulma,2000.*
- *Dictionnaire des symboles,Chevalier J. & Gheerbrant A.,éd. Robert Laffont,1982.*
- *Dictionnaire Encyclopédique – Édition 2000 ,Collectif,éd. Hachette,1999.*
- *Le petit Larousse des Mythologies du Monde,Collectif,éd. Larousse,2011.*
- *Encyclopédie de la Mythologie,Collectif,éd. le livre séquoia,1962*
- *La Légende Arthurienne – le Graal et la Table Ronde,Collectif,éd. Robert Laffont,1989.*
- *Petit Larousse des Symboles,Collectif,éd. Larousse,2006.*
- *L'Atlas des civilisations anciennes,Collectif,éd. Atlas,2003.*
- *Mythes et Dieux de l'Inde,Daniélou A.,éd. Flammarion,1992.*
- *Nouveau Dictionnaire de Mythologie Egyptienne ,Franco I.,éd. Pygmalion,1999.*
- *Dictionnaire de la Mythologie,Grand M. & Hazl J.,éd. Texto,2010.*
- *Petit Dictionnaire du Monde Arthurien,Minary R. & Moorman C.,éd. Terre de Brume,1996.*
- *Dictionnaire de Mythologie Celtique,Persigout J.-P.,éd. Imago,2009.*
- *Dictionnaire des Mythologies,Philibert M.,éd. Maxi-poche Références,1998.*
- *Dictionnaire de l'Archéologie,Rachet G.,éd. Robert Laffont,1983.*
- *Dictionnaire des Religions ,Thibaud R.-J.,éd. Maxi-poche Références,2000.*
- *Dictionnaire de Mythologie et de Symbolique Celte,Thibaud R.-J.,éd. Devry Poche,1995.*
- *Dictionnaire de Mythologie Arthurienne,Walter P.,éd. Imago,2014.*
- *Dictionnaire des noms de divinités, Mathieu-Colas M., 2013.*
- *Who Is Who In The Non-Classical Mythology, Skyes E., éd; Routledge , 2014*

Filmographie

Angel, saison une (partie une et deux)
Angel, saison deux (partie une et deux)
Angel, saison trois
Angel, saison quatre
Angel saison cinq

Dépot légal : décembre 2022

www.ingramcontent.com/pod-product-compliance
Lightning Source LLC
LaVergne TN
LVHW052052160826
845678LV00015B/3191

* 9 7 8 2 4 9 0 9 5 1 0 6 2 *